W0189749

Europa
ist die Lösung

Unter Verwendung früherer deutscher Fassungen
(insbesondere aus dem Europa-Archiv und der ZEIT)
wurde Winston Churchills Rede an der Universität Zürich
vom 19. September 1946 neu übersetzt von Dirk Rumberg.

© 2016 Ecowin Verlag bei Benevento Publishing,
eine Marke der Red Bull Media House GmbH,
Wals bei Salzburg

Medieninhaber, Verleger und Herausgeber:
Red Bull Media House GmbH
Oberst-Lepperdinger-Straße 11–15
5071 Wals bei Salzburg, Österreich

Umschlaggestaltung: www.b3K-design.de, Andrea Schneider, diceindustries
Umschlagabbildung: picture alliance / AP Photo
Satz: MEDIA DESIGN: RIZNER.AT
Printed in the Czech Republic

ISBN 978-3-7110-0119-1

1 2 3 4 5 6 7 8 / 19 18 17 16

Frank-Walter Steinmeier

EUROPA
IST DIE LÖSUNG

Churchills Vermächtnis

Inhalt

FRANK-WALTER STEINMEIER

Europa
ist die Lösung

Prolog: Europa 1946 und 2016

Natürlich kann man aus der Geschichte lernen. Aber wann tut die Menschheit das schon? Die Liste der Katastrophen, denen ähnliche Katastrophen folgten, ist lang. Uneinsichtigkeit, Sturheit, Herrsch- und Rachsucht gehören seit jeher zu den historisch gängigsten Währungen, zumal wenn diese in nationalistischen Noten ausgegeben werden.

So besehen ist die europäische Geschichte seit Ende des Zweiten Weltkriegs eine geradezu wundersame Ausnahme. Eine frühe Ahnung dieses Wunders wehte durch die Aula der Universität in Zürich, einem der wenigen unzerstörten Flecken in Europa, im Herbst des Jahres 1946. Dort redete Winston S. Churchill am 19. September vor 70 Jahren über die Zukunft Europas – und Europa hielt sprichwörtlich den Atem an. Mit der Wortgewalt eines zukünftigen Trägers des Nobelpreises für Literatur, der Churchill 1953 verliehen wurde, sprach er an jenem Tag über den am Boden liegenden, weithin verwüsteten Kontinent. Dessen Zukunft könne nur in der vollständigen Überwindung der Vergangenheit liegen, im Blick nach vorn, in der Schaffung von »Vereinigten Staaten von Europa«.

Ungeheuerlich klang das aus dem Mund jenes unbeugsamen Kriegspremiers, der von den Deutschen im Zweiten Weltkrieg nichts anderes als die bedingungslose Kapitulation akzeptiert hatte und diese dann auch zu erzwingen half. Noch qualmten die Trümmer, der Schutt und die Asche, die Hitler-Deutschland überall in Europa hinterlassen hatte – und schon forderte der Unbeugsamste aller Nazi-Feinde das Unmögliche: die gleichfalls bedingungslose Versöhnung, den unbedingten Zusammenschluss der Todfeinde und Kriegsgegner von gestern zu einem vereinten Europa. Anders werde es keinen dauerhaften Frieden geben und sich die Vergangenheit, wie auch schon früher, in immer neuen Variationen wiederholen.

70 Jahre später ist Europa in einer Lage, die zu Recht als Krise empfunden wird. Nach sieben Jahrzehnten, die unserem Kontinent – ausgehend von der Vision, die Churchill in der Rede formulierte – eine nie dagewesene Periode des Friedens und des wachsenden Wohlstands beschert haben, ist der Zusammenhalt Europas in Gefahr. Die scheinbare Unumkehrbarkeit des europäischen Einigungsprozesses ist an ihr Ende gelangt. In keinem der sich überschlagenden Krisenmomente der jüngsten Vergangenheit wurde das so schmerzhaft deutlich wie im Paukenschlag des »Brexit«, des Votums der Briten, die Europäische Union zu verlassen. 70 Jahre, nachdem ein britischer Staatsmann den Völkern Europas zurief, eine gemeinsame Zukunft zu entwerfen – ein Staatsmann, der selbst, das muss hinzufügt sein, die Briten nie als Teil dieses vereinigten Europas sah –, sind wir Europäer wiederum an einen Punkt gelangt,

an dem wir unsere gemeinsame Zukunft neu entwerfen müssen – und zwar ohne die Briten.

Auch, aber nicht nur deshalb lohnt es sich, einen Moment innezuhalten und Churchills Rede neu zu lesen, einen Blick zu werfen auf die Parallelen wie auf die gewaltigen Unterschiede zwischen seiner Zeit und unserer.

1946 und 2016 sind Wegscheiden für Europa. Damals wie heute blicken viele in Europa mit Verunsicherung und Ungewissheit in die Zukunft. Doch die Verunsicherung kommt, bildlich gesprochen, aus entgegengesetzten Fahrtrichtungen: Wo Churchill 1946 auf den Trümmern Europas, am Tiefpunkt der Zersplitterung, eine Vision der Vereinigung entwarf, da treten 2016, am scheinbaren Höhepunkt der Vereinigung, wieder Risse und drohende Zersplitterung in Europa hervor.

Und freilich ist auch die Welt um dieses Europa herum eine völlig andere geworden. Die Weltordnung, die Churchill bei dieser Rede im Sinn hatte, bestand aus vier Monolithen: den Vereinigten Staaten von Amerika, dem britischen Commonwealth, dem – so die Vision der Rede – vereinigten Europa und der Sowjetunion. Die heraufziehende Blockkonfrontation prägte Churchills Denken, nicht nur in seiner nicht minder wegweisenden Rede vom *Eisernen Vorhang*, die er wenige Monate zuvor in Fulton, Missouri, gehalten hatte, sondern auch in seiner Züricher Vision von Europa. Heute ist von monolithischer Weltordnung nichts mehr zu spüren. Globalisierung, Vernetzung, Entgrenzung sind Lebensalltag in Europa. Die Welt und ihre Verunsicherungen und Verwerfungen, Krisen und Konflikte, insbesondere in unserer südlichen Nachbarschaft, im Mittleren Osten, sind nicht nur näher an Europa herangerückt, sondern längst in unserer Mitte angekommen: in Aufnahmezentren, Schulen, Turnhallen, in Gestalt der Hunderttausenden, die in Europa Zuflucht suchen vor Krieg und Gewalt. Die Weltordnung, fernab von allem Monolithischen, gleicht heute eher einem Bild aus Robert Musils *Mann ohne Eigenschaften*: »wie wenn ein Magnet die Eisenspäne loslässt und sie wieder durcheinander geraten«.

Ganz gewiss aber ergibt der Vergleich zwischen uns heute und Churchill damals zweierlei: Gemessen an 1946 sind unsere Herausforderungen der Gegenwart klein. Doch auch die europäische Stimmung ist erschreckend kleinmütig geworden. Schlimmer noch, wir halten das Erreichte, die – historisch betrachtet – ganz und gar nicht selbstverständlichen Erfolge mittlerweile für quasi naturgegeben. Schon gibt es Erste, die glauben mit dieser großen Idee spielen zu können. Dass zu solchen Kräften auch so manche aus Churchills Heimatland zählen, mit angeführt von einem Churchill-Biografen als Wortführer des Brexit, ist eine besonders bittere Volte der Geschichte.

Eine schwierige Wegstrecke liegt damit vor jenen, die Europa weiterhin wollen – und dies ist immerhin noch die überwältigende Mehrheit. Doch wer sich in unserer Zeit mit der Zürcher Rede erneut auseinandersetzt, kann nur erstaunen angesichts der ungeheuerlichen Aktualität von Churchills Worten. Wer diese Zeilen neu liest, muss sagen: Ist es nicht geradezu ein Wunder, was aus jenem zertrümmerten Europa heute geworden ist?! Ist es nicht ein Wunder, dass aus jener kühnen, für damalige Ohren geradezu weltfremden Vision des Friedens Wirklichkeit geworden ist?! Wer Churchills Rede heute nachliest, kann Mut und Kraft aus ihr schöpfen und umso stolzer sagen: Mit diesem Europa spielt man nicht!

Krise ist nicht Schicksal

Dieser Text ist keine kontextgenaue Analyse von Churchills Rede, geschweige denn eine historische Würdigung all der Meilensteine und großen Persönlichkeiten auf dem Weg der europäischen Integration, die zwischen damals und heute liegen. Vielmehr ist er das Plädoyer eines überzeugten Europäers, der glaubt, seine Sache gut begründen zu können. Für mich ist der fortschreitende Ausbau der europäischen Integration geradezu alternativlos, um ein schillerndes Wort der jüngeren Politikgeschichte zu bemühen.

Doch zugleich ist offen anzuerkennen, dass eine wachsende Zahl von Menschen das anders sieht. Viele in Europa haben Zweifel an Europa.

Wer Europa weiter bauen will, wer überzeugt davon ist, dass dies sogar von schicksalhafter Bedeutung ist, der darf diese Menschen nicht verlieren, gar verloren geben. Sie müssen ernst genommen werden und auch ihre Sorgen. Es gibt nichts zu beschönigen an den Krisen Europas. Die Briten haben beschlossen, die Europäische Union zu verlassen. Die Krise des Euro ist keinesfalls gemeistert. Die akuten und existenziellen Bedrohungen auf den Finanzmärkten mögen gebannt sein, aber die sozialen Folgen der Krise sind es nicht, und die gefährlichen politischen Folgen dieser sozialen Verwerfungen ebenso wenig. Hinzu kommt: Der Umgang mit den Flüchtlingen, den Hunderttausenden, die aus den Krisenherden unserer Nachbarschaft nach Europa fliehen, hat gewaltige Spannungen innerhalb der Europäischen Union erzeugt. Und auch der Grundkonsens aller Mitgliedsstaaten darüber, wie unsere westlich geprägte, liberal-demokratische Lebensart den Anforderungen der Zeit gemäß fortentwickelt werden sollte, ist in den vergangenen Jahren nicht größer geworden. Der europäische Wertekanon steht unter anschwellendem Beschuss rechtspopulistischer Kräfte; mittlerweile schleifen und sägen auch schon die ersten Regierungen von Mitgliedsstaaten an ihm herum. Während die nach wie vor großen Leistungen der Europäischen Union für alle seine Mitgliedstaaten und deren Menschen in geschäftsmäßig kühler (und damit auch angemessener) Routine abgespult werden, sind Euphorie oder wenigstens doch Begeisterung heute eher auf der EU-kritischen Seite beheimatet.

Sezession statt Expansion, schwelende Krisen statt wachsender Stabilität – dies scheinen die europäischen Signaturen der Gegenwart zu sein. Was wohl noch nicht alles ist. Während die Zeit unmittelbar nach Ende des Kalten Kriegs unter den Zeichen von Chancen und Freiheit stand, ist es weit mehr als ein Kater, der die europäische Stimmung gegenwärtig in erheblichem Maße dämmt und drückt. Selbst die großen Erfolge von gestern, die für die Ewigkeit geschaffen schienen, stehen in Frage – sinnbildlich für die Größe der Misere, gilt der Euro heute so manchem mehr als Risiko denn als Chance.

Wie weit derart pessimistische Diagnosen berechtigt sind, sei zunächst einmal dahingestellt. Doch ernst zu nehmen sind sie allein schon deshalb, weil sie die veränderte Stimmung in der Bevölkerung widerspiegeln. Ohne überzeugte Menschen ist aber kein Europa zu bauen, so wenig wie ein Staat ohne Volk. Es nutzt wenig bis gar nichts, der wachsenden Europa-Skepsis der Menschen mit einem stolzen Pathos der europäischen Eliten zu begegnen. Dass die Fragen der Bürger Europas drängender und kritischer werden, beweist nämlich den Mangel an guten Antworten – zu denen das große Wort in den seltensten Fällen zählt. Dort aber, wo die Antworten richtig sind, wird deren Sprache nicht verstanden, überzeugen sie offenbar nicht genügend.

Alternativlos? Europa ist voll schlechter Alternativen

Für die Politik ist es eine gänzliche neue Erfahrung, dass Europa mittlerweile kein Selbstläufer mehr ist. Und auf diese sind wir kaum vorbereitet. Seitdem nicht mehr alles, was als gut für Europa ausgegeben wird, frag- und klaglos von den Menschen angenommen wird, wurde im Wesentlichen zweierlei versucht, um auch zukünftig Folgebereitschaft zu bewirken. Statt sich mit den Fragen und Zweifeln der Kritiker argumentativ, werbend, überzeugend auseinanderzusetzen, bekamen diese oft genug ein *Alternativlos* entgegengeblafft. Ich trage seit vielen Jahren in der Politik Verantwortung und nehme mich von dieser Kritik nicht aus. *There is no alternative* war lange Zeit ein Markenzeichen der früheren britischen Premierministerin, mit dem sie ihre (zu Recht) umstrittenen Projekte versah. Nur, dass Thatchers *Alternativlos* immer erst am Ende einer längeren Argumentationskette stand, über deren vorhergehende Glieder man sich bereits ordentlich streiten konnte. In den heutigen europäischen Zusammenhängen soll ein laut dröhnendes *Alternativlos* hingegen oft genug die Mühen von Überzeugungsarbeit ersetzen – auch und nicht zuletzt in Deutschland. Nur entfaltet keine Debatte viel Überzeugungskraft, wenn man sie bereits mit einem Schlusswort – *Alternativlos* – eröffnet.

Keine Frage, nicht wenige der heutigen Europa-Kritiker sind wirre Geister, oft genug gefährliche populistische Stimmungsmacher. Solche Kräfte mit Hang zur Demagogie wird auch die beste Argumentation nicht erreichen. Viele Stimmen sind jedoch Ausdruck von ernsthaften Sorgen und von verlorenem Vertrauen. Wir erleben mit Bezug auf Europa jetzt, was wir im nationalstaatlichen Rahmen schon lange kennen: den selbstbewussten Bürger. Gern werden seine Einlassungen als »wenig hilfreich« abgetan. Aber stimmt das wirklich? Ist es nicht vielmehr ausgesprochen hilfreich, wenn Politik gezwungen wird zur Klarheit im Denken und Reden und auch zu jenem Maß an Leidenschaft, ohne das es kein Überzeugen gibt? Dass die Notwendigkeit, den eigenen Gedanken, das eigene Reden zu schärfen, auch den Redner schlauer macht?

In einer solchen politischen Lage wirkt ein Autorität erheischendes *Alternativlos* tatsächlich autoritär. Es unterminiert das Vertrauen in Politik und ihr Personal. Auf den ersten Blick sympathischer dagegen wirkt die andere, fast ebenso oft gebrauchte Formel, das Gelingen der europäischen Einigung sei eine Frage von Krieg und Frieden. Festzuhalten ist: Das stimmt! Nach wie vor! Wäre Europa lediglich ein riesiger einheitlicher Wirtschaftsraum, so wäre das Scheitern der europäischen Integration von großem, wohl allseitigem Schaden – doch davon ginge die Welt noch nicht unter. Auch könnten wir vielleicht verkraften, wenn ein Großteil jener Aufgaben, die besser oder eher gemeinschaftlich als national zu bewältigen sind, in der Verantwortung der einzelnen Staaten bliebe. Doch die europäische Integration ist sehr viel mehr als die Summe technischer Verfahren und gültiger Harmonisierungen, ihr tieferer Sinn ist tatsächlich die Frage von Krieg oder Frieden: nämlich die Überwindung all jener Faktoren und Kräfte, die in der Vergangenheit – nicht erst im 20. Jahrhundert, hier aber ganz besonders – Krieg und Elend über den alten Kontinent gebracht haben.

Das Problem ist indes: Der großartigen Idee der europäischen Einigung ist nicht gedient, wenn sie allenthalben bemüht und beschworen wird, um rangniedere Sachfragen gegen Kritik zu tabuisieren. Der inflationäre Gebrauch der Formel von *Krieg oder Frieden* entwertet diese vielmehr. Umso mehr in Zeiten, in denen – wo es schon kaum einer mehr erwartet hatte – die Frage von *Krieg und Frieden* ja tatsächlich auf unseren Kontinent zurückgekehrt ist: in den wachsenden Spannungen zwischen Russland und dem Westen, in längst überwunden geglaubten Feindbildern zwischen Ost und West und ganz besonders seit der völkerrechtswidrigen Annexion der Krim durch Russland und dem gefährlichen Konflikt in der Ostukraine.

Krieg und Frieden, wie jede große Formel der Politik, muss mit Bedacht gewählt werden und nicht, um jedwede Kritik gegen eine Politik, die manchen als fraglich oder mindestens diskussionsbedürftig erscheint, zu tabuisieren. Wie genau ein Rettungspaket für einen Mitgliedsstaat in Zeiten der Euro-Krise gepackt und geschnürt wird, ist von überragend großer Bedeutung für alle Betroffenen. Eine Frage von *Krieg oder Frieden*, die jede weitere Begründung dispensiert, ist sie jedoch nicht. Pathos, wo vorrangig Vernunft und Sachkenntnis vonnöten sind, banalisiert jede große Idee, höhlt sie allmählich aus, zerstört ihre politische Strahlkraft. Wir müssen aufpassen, dass eine große Idee nicht zur kleinen Münze verkommt, mit der man dann auch nur wenig zahlen kann. Meistens geht es ja auch ein bisschen kleiner. Aber das bereitet mehr Mühe.

Das europäische Wunder

Nie wieder Krieg – das war auch nach den Grauen und Schrecken des Ersten Weltkriegs eine weitverbreitete Losung. Doch auf das, was George F. Kennan einmal »*die* Ur-Katastrophe des 20. Jahrhunderts« genannt hat, »das Ereignis, in dem stärker als in irgend einem anderen […] Versagen und Niedergang unserer westlichen Zivilisation begründet liegen«, folgte mit dem Zweiten Weltkrieg eine noch viel größere.

Zeitgenössisch war es schwer zu begründen, wieso sich ausgerechnet nach Kriegsende 1945 zum ersten Mal Vernunft und Lernbereitschaft ihren Weg bahnen sollten. Zwar lag Europa, vor allem seine Mitte, in Schutt und Asche – und das in einem bis dato unvorstellbarem Maße. Nach Hiroshima und Nagasaki zeigte überdies das anbrechende Nuklear-Zeitalter, um wie vieles schlimmer noch die Kriege der Zukunft werden könnten. Der Druck zu einer vorsorgenden Friedenspolitik für Europa war damit gleichfalls höher als je zuvor.

Churchill war nicht der Einzige, nicht mal der Erste, der so dachte und sprach. Schon im Heidelberger Programm der SPD von 1925 machte sich die Sozialdemokratie stark »für die Bildung der Vereinigten Staaten von Europa, um damit zur Interessensolidarität der Völker […] zu gelangen.« Breitscheid, Scheidemann, Hermann Müller traten ein für diese Vision – doch am Ende wurden sie übertönt und überwältigt vom Getöse des Nationalismus. Aber selbst die Mörder des Dritten Reiches konnten die Idee nicht ausrotten. Um nur ein Beispiel zu nennen: Altiero Spinelli, Ernesto Rossi und Eugenio Colorni verfassten 1941, als sie vom faschistischen Regime auf der Insel Ventotene gefangen gehalten wurden, ihr wegweisendes Manifest *Per un'Europa libera e unita*. Wahrscheinlich hätten weder diese drei noch Spinellis Ehefrau Ursula Hirschmann, eine jüdische Antifaschistin aus Berlin, die die damals revolutionäre

Schrift aus dem Gefängnis schmuggelte und für ihre Verbreitung sorgte, je gewagt, vorherzusehen, wie umfassend ihr Traum von der Beseitigung der innereuropäischen Grenzen und der Schaffung einer europäischen Föderation in Erfüllung gehen würde. Allein, und das macht den 19. September 1946 zu einem besonderen Moment, es brauchte eben auch einen Feldherrn wie Churchill, um der europäischen Idee zum Durchbruch zu verhelfen.

Man kann es mit Fug und Recht ein Wunder nennen, was in den folgenden Jahren begann. Denn die Verwüstungen des Zweiten Weltkriegs waren weit mehr als von militärischer Art – sie waren es auch moralisch in einer nie auch nur annähernd bekannten Dimension. Anders als nach dem Ersten Weltkrieg ließ sich nach 1945 lupenrein feststellen, wer Schuld an Krieg und Zerstörung trug: Deutschland. Als schon längst alles verloren war, gab sich Hitler-Deutschland keineswegs geschlagen, sondern deutete den Waffengang in eine Entscheidungsschlacht über lebenswertes und -unwertes Leben um, und dies bis zur sprichwörtlich letzten Patrone. Was dies konkret bedeutete, sieht man auch daran, dass im letzten Kriegsjahr mehr Menschen ums Leben kamen als in der Zeit davor zusammengenommen.

Mit Kriegsende war das Entsetzen über das Geschehene noch keineswegs auf seinem Höhepunkt. Denn erst jetzt sah die ganze Welt, was Hitlers Rassenwahn mit der Vernichtung der

Juden und weiterer als minderwertig definierter Volksgruppen parallel zum Kriegsgeschehen angerichtet hatte. Das eigentlich barbarische war, dass es Hitler-Deutschland nicht nur um verwerfliche politische Ziele oder territoriale Ansprüche ging, sondern um die schlichte Vernichtung selbst.

Eigentlich ist es unbegreiflich, wie mit diesem Land der Mitte, ohne das schon aus geografischen Gründen kein Europa gebaut werden kann, der Versuch unternommen wurde, eine echte, auf Kooperation und Vergemeinschaftung beruhende Friedensordnung zu schaffen. Wie tief die Erinnerung an von Deutschen und im deutschen Namen begangene Verbrechen ins Gedächtnis unserer Nachbarn eingebrannt ist, erfahren wir auch über 70 Jahre später immer wieder; solche Erinnerungen treten auch in heutigen Spannungssituationen immer wieder zutage. Umso gigantischer ist die Vernunft jener großen Persönlichkeiten, die nach 1945 nichts vergessen haben – und uns dennoch die Hand zum gemeinsamen Friedenswerk der europäischen Einigung entgegenstreckten. »Wir alle müssen den Schrecknissen der Vergangenheit den Rücken kehren. Wir müssen in die Zukunft schauen«, mahnte Churchill, der vormalige Kriegspremier des Vereinigten Königreichs in seiner Züricher Rede: »Wir können es uns nicht leisten, den Hass und die Rachegefühle, die aus dem Unrecht der Vergangenheit entstanden sind, durch die kommenden Jahre mitzuschleppen.«

Die Ideen einer kooperativen Welt- und europäischen Friedensordnung, die nach 1945 wirkungsmächtig auf die Tagesordnung der Politik drangen, waren nicht alle neu. Auch nach dem Ersten Weltkrieg waren solche in aller Munde, und mit dem Völkerbund folgten erste Taten. Doch dieser Vorläufer der Vereinten Nationen war kraftlos. Nichts, worauf er sich zur Durchsetzung einer Friedenspolitik hätte stützen können. Genau diesen Konstruktionsmangel hatte Churchill bei seiner Züricher Rede vor Augen. Um eine friedliche Weltordnung zu gestalten, brauche es kraftvolle Pfeiler. Als einen sah er die Vereinigten Staaten von Amerika, als ein weiterer galt ihm der britische Commonwealth, die Restmasse des früheren Empires – schon in Auflösung befindlich, was aber noch kaum einer wahr haben wollte. Diese Einsicht hätten die heutigen Brexiteers Churchill eigentlich voraushaben sollen... Allein, so Churchill, das Zentrum früherer Krisen und Kriege – Europa – liege am Boden. Raffe es sich nicht auf und finde zusammen, so wäre die kritische Masse der Vergangenheit weiterhin scharf und hochexplosiv. Heute »starrt eine ungeheure Menge gequälter, hungriger, abgehärmter und verzweifelter Menschen auf die Ruinen ihrer Städte und Behausungen«, rief Churchill damals in Zürich aus: »Wenn Europa einmal einträchtig sein gemeinsames Erbe teilen würde, dann könnten seine drei- oder vierhundert Millionen Einwohner Glück, Wohlstand und Herrlichkeit in unbegrenztem Ausmaß genießen.«

Beide Gedanken, die Churchill seinerzeit die Schaffung der »Vereinigten Staaten von Europa« beschwören ließen, sind auch heute noch von unerhörter Aktualität. Denn: Werte und Menschenrechte sind auch verbrieft stets gefährdet, wenn keine kraftvollen Mächte und Institutionen sie tragen, schützen und durchsetzen. Wenn wir an der Idee einer friedlicher werdenden Welt insgesamt festhalten wollen, so dürfen wir die Fehler der Zwischenkriegszeit nicht wiederholen.

Würde ein vereintes Europa, das sich global für Frieden und Menschenrechte einsetzt, auseinander- und damit wegbrechen, stünden die Chancen auf eine bessere, eine friedlichere und gerechtere Welt sehr viel schlechter. Kein Mitgliedsstaat allein kann heute eine solche Kraft auf globaler Ebene noch entfalten. Oder, um in Musils Bild zu bleiben: Ein geeintes Europa kann Magnet sein, die Mitgliedstaaten für sich sind kaum mehr als Eisenspäne in der Welt von morgen.

Gleichfalls von hoher Aktualität ist Churchills Gedanke der Kräfte, die Kooperation zwischen früheren Feinden oder auch nur Nachbarn entfalten kann. Nicht ohne Grund schimmert dabei auch die Idee eines prosperierenden Wirtschaftsraums durch. Damals war die Not in Europa allerorten riesengroß. Wirtschaftliches Elend aber ist der beste Nährboden für radikale politische Kräfte und Demagogie. Auch deshalb ist eine europäische Einigung, die jedem Mitgliedsstaat mehr gibt als nimmt, von weitaus höherer Qualität denn ein Projekt zur bloßen Wohlstandsmehrung. Sie ist auch in diesem Sinne ein Friedenswerk, weil sie einen zentralen Bestandteil der Vorsorge gegen eine Wiedergeburt extremistischer politischer Kräfte darstellt. Umgekehrt: Es ist sicherlich kein Zufall, dass in nahezu allen Mitgliedsstaaten der Europäischen Union radikale und extremistische Strömungen Auftrieb erhalten, wo es gelingt, akute wirtschaftliche Nöte Europa in die Schuhe zu schieben, um daraufhin das schrille Lied der Re-Nationalisierung anzustimmen.

Europas Geschichte der Umwege

Die in der unmittelbaren Nachkriegszeit anhebende Geschichte der europäischen Einigung kann man unterschiedlich schreiben. Unbestritten dürfte sein, dass sie eine beispiellose Erfolgsgeschichte ist, geprägt von wirtschaftlichem Aufschwung und von der längsten Friedensperiode im Wandel der Jahrhunderte. Man kann sie aber auch als eine Geschichte der Umwege lesen. Das liegt zum einen daran, dass es nahezu zwangsläufig keinen direkten Weg zu einem Ziel gibt, das nicht klar benannt wird. Soll aus Europa ein Bundesstaat werden? Ein Staatenbund? Ein Europa der Vaterländer? Auch

Churchill lässt in seiner Vision von 1946 vieles, wenn nicht das meiste offen: »Ich werde nicht versuchen, ein detailliertes Programm für Hunderte Millionen von Menschen zu entwerfen, welche glücklich und frei, zufrieden und sicher sein wollen. […] Wenn das der Wunsch der Europäer in so vielen Ländern ist, müssen sie es nur sagen, und es können sicher Mittel gefunden und Einrichtungen geschaffen werden, damit dieser Wunsch in Erfüllung geht.«

Tatsächlich haben sich die Mitgliedsstaaten der EU nie verbindlich auf eine Finalität des Integrationsprozesses verständigt. So gab es immer wieder von allem etwas. Puristen und Staats-Metaphysiker – Hegelianer sowieso – mögen darin einen gravierenden Fehler sehen. Über lange Zeit war aber die ungenaue Zielfixierung eher eine Stärke des Einigungsprozesses. Statt sich über das Übermorgen den Kopf zu zerbrechen und dabei im Streit das Morgen Mal um Mal zu vertagen, schritt die Integration stets im Hier und Jetzt voran. Es war ziemlich klug, diese eine Frage, zu der Europa stets weit von einem Konsens entfernt war, auszuklammern. Denn so musste eine erkennbar fortschreitende Dynamik beweisen, dass es mit Europa weitergeht. Die Integrationslogik, die bis in die Gegenwart am Werke ist, kann man auf einen kurzen Nenner bringen: Stillstand ist Rückschritt.

Natürlich hat dieses ergebnisoffene Fortschreiten auch Nachteile: Manches ist gewuchert, es ist auch Wildwuchs entstanden, der schwer zurückzuschneiden ist. Wer es noch nicht wusste, konnte es an Europas Einigungsprozess gut studieren: Nicht immer schlägt Quantität in Qualität um.

Wo es kein klares Ziel gibt, gibt es auch keine eindeutige Roadmap. Um die Dynamik in Gang zu halten, geschah manches, was Lehrbücher so nicht vorsehen (bei der deutschen Einheit übrigens auch!). Aber was auch getan wurde, es geschah stets im Bewusstsein, dass es weiter, tiefer, unumkehrbar mit der europäischen Einigung vorangehen muss. Und eine wichtige Erfahrung dieser Unorthodoxie im Vorgehen war stets: Anfangen, der Rest wird sich schon finden. Und er fand sich ja auch fast immer.

In dieser Hinsicht war die Einführung des Euro eine erste Trübung am europäischen Erfahrungshorizont. Natürlich kann eine einheitliche Währung auf Dauer nicht ohne eine Harmonisierung der Wirtschafts- und Finanzpolitiken der beteiligten Länder funktionieren. So war das ja auch nicht gedacht – allerdings kam hier die bisherige, bestens bewährte Integrationslogik ins Stottern: Der Rest ist bis heute nicht von alleine gekommen. Dennoch war das Vorgehen richtig. Heute haben wir uns mit dem Zwang zu beschäftigen, den Euro schleunigst lotgerecht in eine immer besser tragende Konstruktion gemeinsamer Wirtschafts- und Finanzpolitik zu setzen. Wäre Europa stattdessen nach dem allwährenden Handbuch der Staats- und Wirtschaftswissenschaften vorgegangen, hätten wir noch heute nichts, außer vielleicht enervierende Diskussionen ohne Ende und Resultat.

Der Weg in die Krise

Viel Kleines und auch manch Größeres hat in den vergangenen Jahren dazu beigetragen, dass die europäische Einigung in eine ernsthafte Krise gerutscht ist. Dennoch lässt sich ein Grund ausmachen, der auf einen schlichten Nenner gebracht werden kann: Nicht die Fehler – auch wenn solche natürlich, zwangsläufig, immer wieder unterlaufen sind – haben uns in schwierigere Fahrwasser geführt, sondern der ungeheure Erfolg der Europäischen Union. Als Teil des leuchtenden Westens war sie in den langen Jahren des Kalten Kriegs ein, wenn nicht sogar *der* Sehnsuchtsort. Europa – Ort des freien Austauschs untereinander, Garant eines gediegenen Maßes an Wohlstand für alle, Raum für ein Leben ohne Angst und Schrecken in einem politischen Rahmen, der Obrigkeit durch Recht, Gesetz und Institutionen zivilisiert. Die Europäische Union zudem eine erprobte Gemeinschaft, die erwiesenermaßen Stabilität zu den späteren Ankömmlingen wie Spanien und Portugal exportieren kann. Zudem: der faire Umgang zwischen großen und kleinen Mitgliedsstaaten in Gleichberechtigung.

Das europäische Einigungswerk wollte von Anfang an genau dies: Es wollte eben jenen

Sehnsuchtsort schaffen, »Magnet« sein im geteilten Europa. Das geeinte Europa sollte stets mehr als eine selbstfixierte Solidargemeinschaft sein.

Nach dem Fall des Eisernen Vorhangs ist es genau so gekommen. Nahezu alle in Freiheit und Selbstbestimmung entlassenen Völker Mittel- und Osteuropas strebten alsbald die Aufnahme in die westlichen Gemeinschaften an. So folgerichtig deren zügige Aufnahme in die Europäische Union war, so hat deren Erweiterung auch etwas an ihrem Wesen verändert. Das hat einerseits institutionelle Gründe. Unter der Einstimmigkeit als Generalprinzip konnte man mit etwas Mühe in einer Union der sechs, der neun oder der zwölf Mitgliedsstaaten noch ganz gut operieren. Bei 28 oder mehr Mitgliedsstaaten ist es fast unmöglich, in wesentlichen Fragen immer alle unter einen Hut zu bringen. Aber es gibt andererseits auch tiefere Gründe: Es sind Gesellschaften hinzugetreten, die andere Erfahrungen, Erwartungen und Hoffnungen an Europa mit in die Gemeinschaft eingebracht haben. Natürlich macht das Diskussionen über den weiteren Weg, den wir miteinander gehen wollen, schwieriger – das haben wir an den ersten Reaktionen auf den Brexit schon gespürt. Unterschiede, siehe die zuletzt aktuellen Kontroversen zwischen der Europäischen Kommission und Polen oder Ungarn, beim Grundverständnis dessen, was eine liberale, rechtsstaatlich gehegte Demokratie ausmacht, sind mehr als

Haarrisse. Auch treten im Umgang mit Russland Dissonanzen zutage, die sich nicht über Nacht beseitigen lassen, gründen sie doch in unterschiedlichen, tief in die Nationalgedächtnisse eingesenkten historischen Erfahrungen. Der Grundkonsens der Gründerstaaten der Europäischen Union war, die Ursachen der vorangegangenen Katastrophen zu beseitigen, im Blick nach vorn. Für die Gruppe der östlichen Beitrittsstaaten verhält es sich anders, denn deren Erfahrungshintergrund ist von der soeben erst abgeschüttelten zweiten totalitären Erfahrung mit der Sowjetunion und ihren rabiaten Methoden der Machtdurchsetzung und Hegemonie geprägt. Es darf uns also nicht wundern, dass die neuen Mitgliedsstaaten Ost- und Mitteleuropas einen anderen Blick auf Russland haben als die westlichen Demokratien, die im Kalten Krieg gelernt haben, einen erträglichen und schließlich auch erfolgreichen *modus operandi* im Zuge der Entspannungspolitik zu finden. Und schließlich gibt es noch eine dritte Art der historischen Erfahrung, nämlich die doppelte, von Ost *und* West, und die hat nur ein Land: Deutschland. Als jahrzehntelang geteiltes Land haben wir in meinen Augen nicht nur eine einzigartige Erfahrung, sondern auch eine besondere Verantwortung, immer wieder innerhalb der Europäischen Union zu vermitteln, um eine gemeinsame Haltung gegenüber Russland zu ringen, uns um die Verständigung zwischen Ost und West zu bemühen.

Deutsche Fragen

Gleichfalls neu – auch weil undefiniert – ist eine neue Form der *deutschen Frage* innerhalb der Europäischen Union. Manche kritisieren die deutsche Rolle als zu dominant. Andere, wie der ehemalige polnische Außenminister Radoslaw Sikorski, haben angemahnt, dass die Deutschen ihre Führungsrolle endlich annehmen sollen.

Aber wie soll eine solche Führungsrolle konkret aussehen? Einen Hegemon will niemand in Europa, auch keinen benevolenten – einen deutschen schon drei Mal nicht. Selbst als Impulsgeber oder Schrittmacher ist die deutsche Lage nicht unheikel. Denn so wahr es ist, dass die Bundesrepublik nicht die moralischen Schulden der Deutschen aufgelastet bekommen hat, so sehr wirken doch die früheren deutschen Führungsansprüche aus unseligen Zeiten noch immer im kollektiven Bewusstsein unserer Freunde und Partner fort. Daher ist es verständlich, dass das Bedürfnis unserer Mitstreiter, ausgerechnet von den Deutschen wieder einmal *mores* gelehrt zu werden, nicht sehr ausgeprägt ist. Und daraus kann für uns nur folgen: Wenn wir von einer Sache überzeugt sind, sollten wir für unseren Standpunkt, für unseren politischen Kurs nach Kräften und durchaus leidenschaftlich werben, nicht aber den notorischen Besserwisser – nicht den *praeceptor germaniae* – geben oder unsere Partner und Freunde mit überrollenden Alleingängen vor vollendete Tatsachen stellen. Dass in Europa Deutsch gesprochen werde, ist in dieser Hinsicht sicherlich kein zielführender Anspruch. Ganz im Gegenteil sollten wir uns vielleicht gerade in diesen Zeiten um die Substanz eines Wortes bemühen, das so deutsch ist, dass es in keine andere Sprache übersetzt werden kann und sogar im angelsächsischen Sprachraum mit der gleichen Selbstverständlichkeit gebraucht wird wie *kindergarten*, nämlich: *Fingerspitzengefühl*.

Gewissermaßen steht Deutschland also vor einem Dilemma. Es soll führen – und soll es nicht. Anders gewendet: Wenn das stärkste Land der Union ins Passiv verfällt, fehlt auch der stärkste Motor für Einigung und Fortschritt. Weder Deutschland noch Europa kann es sich leisten, am Rand der Geschehnisse zu stehen.

Aus meiner Sicht muss die Frage anders gestellt sein. Es geht bei der Neuverortung von Deutschlands Rolle nicht um die Frage, ob Deutschland die Zentralmacht Europas ist, sondern ob Deutschland es mit seinen engsten Partnern versteht, eine politische Mitte zu schaffen und zu bewahren, aus der heraus ein gemeinsames, starkes Europa handeln kann.

Vor meinen internationalen Gesprächspartnern beschreibe ich Deutschlands Rolle dabei gern als »Reflective Power«. Und ich nenne den englischen Begriff, weil es nicht ganz leicht ist, eine treffende Entsprechung im Deutschen zu finden. *Nachdenklich* trifft es nicht richtig, *grüblerisch* nun erst recht nicht. Nein, *reflective* steht vielmehr für ein waches Bewusstsein der fortdauernden Eigenheiten der deutschen Rolle. Aber auch für ein Selbstbewusstsein im besten, das heißt: reflektierten Sinne. Wir sind bereit, jenseits unserer eigenen Grenzen, für Europa und auch global mehr Verantwortung zu übernehmen. Auch wenn wir diesen Status nicht aktiv angestrebt haben, sondern es eher die Veränderungen der Welt um uns herum waren, die uns in diese Rolle geführt haben, nehmen wir diese Verantwortung an. In der Art und Weise, wie wir das tun, zeigen sich unsere besonderen historischen Erfahrungen. Die Lehren, die wir aus unserer Geschichte gezogen haben, bilden das Fundament unserer Werte, aber auch des Einsatzes unserer außenpolitischen Instrumente.

Welche Zukunft soll Europa haben?
Wege aus der Krise

Einige der Faktoren, die Europas gegenwärtige Krise ausmachen, hängen mit Strukturveränderungen zusammen, andere gründen in schwer vorhersehbaren Ereignissen. Die Welt nach 2001 und dem Platzen der amerikanischen Blase 2008 haben direkte Auswirkungen auf das Gefühl, wie weit Europa noch ein Hort der Sicherheit ist. Auch die große Wucht der nach Europa strebenden Flüchtlinge war weder in ihrer Geschwindigkeit noch in ihrem Ausmaß prognostizierbar. Gehandelt werden musste stets sofort – auch dann und dort, wo keine Lehrbücher den Weg gewiesen haben, wo naturgemäß keine vorgefertigten Blaupausen in den Schubladen der Verantwortlichen lagen. Selbstironisch, aber nicht ohne tieferen Sinn, hat Peter Glotz einmal die Funktionseliten der Gegenwart wie folgt charakterisiert: »auf alles gefasst, aber auf nichts vorbereitet«. Vom ersten sächsischen Wirtschaftsminister nach der Wende, Schommer, ist überliefert, dass er einmal an den Rand einer Vorlage, die gravierende Mängel beim Aufbau Ost auflistete, geschrieben habe: »wird bei der nächsten Wiedervereinigung berücksichtigt«.

Das Unvorhersehbare geschieht, nicht selten überfallartig, Überraschungen gehören zum politischen Alltag. Das Wort *Krise* wird auf absehbare Zeit weniger die Beschreibung der Ausnahme als vielmehr des Normalzustands sein. Falsche Einschätzungen und Entscheidungen können nicht ausbleiben. So wie die Bürger ein Recht darauf haben, dass sie keine Politik nach dem Motto *friss oder stirb* präsentiert bekommen, auch nicht in Krisenzeiten, so sehr müssen Politiker darauf bestehen dürfen, in notgebotener Eile Fehler machen zu dürfen. Mit Blick auf die europäische Krise ist es aber wichtig, das Syndrom der Sprach- und Verständnislosigkeit schleunigst aufzulösen. Sonst werden Verzagtheit und Handlungsverzicht Raum greifen, wo

Tatendurst und Wagemut unverzichtbar sind, wenn wir gestärkt aus der Krise hervorgehen wollen.

Wie also weiter, wie aus der Krise heraus? Churchill formulierte 1946 das, was man zu Recht eine Vision nennen darf, ein atemberaubendes Angebot. Fernab vom *Alternativlos!* späterer Zeiten, zeigt er die radikal unterschiedlichen Wege auf, die Europa an jenem Scheideweg hätte einschlagen können: auf der einen Seite die »gequälten, hungrigen und verzweifelten Menschen«, die auf den »düsteren Horizont« der nächsten Gefahr starren, wohl möglich die Rückkehr ins »finstere Mittelalter mit seiner Grausamkeit und seinem Elend«. Auf der anderen Seite der unerhörte Vorstoß, »die europäische Völkerfamilie wiederherzustellen und ihr eine Struktur zu geben, in welcher sie in Frieden, in Sicherheit und in Freiheit leben kann«, kurz: die »Vereinigten Staaten von Europa«.

2016 steht Europa wieder an einer Wegscheide, und manche sagen, es ist erneut an der Zeit für eine große, unerhörte Vision für Europa. Ich habe da meine Zweifel. Wir stehen deshalb an einer Wegscheide, weil der Weg der scheinbaren Unumkehrbarkeit der europäischen Integration zu Ende ist. Und in dieser Unumkehrbarkeit lag ja viele Jahre lang nicht nur die Hoffnung, dass Rückschritte ausgeschlossen sind, sondern auch die Überzeugung, dass es eine schier unbegrenzte Legitimität für das Fortschreiten dieses Prozesses gäbe. Und gerade diese Legitimität steht heute in Frage, wir müssen diese zuallererst zurückgewinnen. Legitimität, wo Zweifel bestehen, gewinnt man nicht in großen Visionen, sondern im konkreten Handeln zurück.

Die Menschen wollen nicht *hören*, sondern sie wollen in der Realität *sehen*, dass Europa die Lösung ihrer Probleme ist. So war es übrigens fast immer in der Geschichte der europäischen Integration: Vertiefungen waren Folgen der gemeinschaftlichen Lösung konkreter Probleme. Ein Verflechtungsschritt machte den nächsten notwendig. Jacques Delors' Konzeption des Europäischen Binnenmarkts war eine notwendige Folge zunehmender Verwerfungen im Warenverkehr unter den Mitgliedstaaten der Europäischen Gemeinschaft. Gleiches gilt für die Einführung der gemeinsamen Währung. Helmut Schmidts erste Vorüberlegungen mündeten 1979 in der Einführung des ECU. Hans-Dietrich Genscher schließlich forderte, in seinem berühmten Memorandum 1988, eine gemeinsame Währung als notwendigen nächsten Schritt zur Absicherung des Binnenmarkts.

Auch heute sollten die konkreten Probleme im Vordergrund stehen: Die Welt ist unsicherer geworden, die Sehnsucht nach Schutz und Sicherheit umso größer. Europa muss zeigen, dass es vereint sicherer ist. Dies liegt auch deshalb auf der Hand, weil es das Gebiet der Außen- und Sicherheitspolitik ist, auf dem die Bürger seit Jahren mehr gemeinsames europäisches

Handeln einfordern. Die Menschen spüren doch, dass die einzelnen Staaten Europas gegen die aufstrebenden Global Players kaum Gewicht in die Waagschale bringen. Dass sie allein Eisenspäne und nur gemeinsam ein Magnet sind.

Wir sind auch über das Stadium hinaus, bei dem gemeinsame Außenpolitik das bloße Sprechen mit einer Stimme ist. Und wir leben nicht mehr in einer Zeit, in der sich gemeinsame Außenpolitik in Erweiterungspolitik erschöpft – auch wenn sie hier ohne Frage große Erfolge vorzuweisen hat. Wir müssen uns heute die konkreten Instrumente geben, die für eine gemeinsame Außenpolitik erforderlich sind: für den Umgang mit den Konflikten in unserer Nachbarschaft; für die Lösung globaler Fragen von Migration bis Klimawandel; auch die Handlungsfähigkeit, um gemeinsam den entgrenzten Märkten und globalisierten Konzernen von heute klare Grenzen und Regeln zu setzen. Ein *Nein* aus Brüssel erwirkt oft mehr als die nationale Gesetzgebung ihrer Herkunftsländer es vermag.

Es geht in der gemeinsamen Außenpolitik um handfeste Fähigkeiten: Kapazitäten zur gemeinsamen Lageanalyse, finanzielle Instrumente zur Stabilisierung und Krisenvorsorge, am Ende auch gemeinsame militärische Fähigkeiten, wie etwa gemeinsame Kommandostrukturen oder maritime Einsatzverbände. Das sind die konkreten Schritte, die jetzt anliegen. Über die Schaffung einer europäischen Armee sollten wir dann sprechen, wenn wir bewiesen haben,

dass Europa es besser kann als jeder National-
staat alleine. Wir können für eine derartige
Vision vom Bürger keine Unterstützung verlan-
gen, wenn wir uns bis heute in keiner einzigen
Mission der Vereinten Nationen dazu durchge-
rungen haben, unsere seit über zehn Jahren be-
stehenden gemeinsamen Einsatzkräfte bereit-
zustellen.

Zweitens: Was für die äußere Sicherheit gilt,
muss gleichsam für die innere Sicherheit gelten.
Bis Ende dieses Jahres wird sich Europa den
ersten nationenübergreifenden Grenzschutz der
Welt geben. Nicht, weil wir uns seit jeher hinter
dieser Vision versammelt hätten, sondern weil
wir in der Krise die Notwendigkeit gesehen
haben. Wir haben in der Flüchtlingskrise lernen
müssen, dass wir die ursprüngliche Idee von
Schengen nur zur Hälfte umgesetzt hatten: Der
Wegfall der Binnengrenzen war die eine, der gemeinsame Schutz der Außengrenzen die andere
Säule von Schengen, die wir vernachlässigt haben. Und wer seine Außengrenzen gemeinsam
kontrolliert, muss sich zugleich einig sein, dass
gemeinsame humanitäre Werte an und innerhalb seiner Grenzen gelten und durchgesetzt
werden. Deshalb ist ein stärkerer Grenzschutz
untrennbar mit der Entwicklung eines gemeinsamen Asylsystems verbunden. Dieses muss
garantieren, dass Menschen, die Europa auf der
Flucht vor Krieg und Gewalt erreichen, men-
schenwürdig behandelt werden, unabhängig
davon, in welchem Mitgliedstaat sie ankom-

men. Damit wir das europaweit garantieren können, müssen wir uns in Europa wechselseitig beim Aufbau entsprechender Asylsysteme unterstützen und auch bei der gerechten Verteilung von Lasten.

Drittens wird Europa seine Legitimation nur wiedererlangen, wenn es auch sein Wohlstandsversprechen wieder einlöst. Heutige hohe Arbeitslosigkeit, Staatsverschuldung und Wachstumsschwäche sind gewiss vielfach Ergebnis der Versäumnisse der Vergangenheit und weder Europa gemeinsam noch einzelne Mitgliedstaaten werden anderen Mitgliedsstaaten schmerzhafte Reformen abnehmen können, die national notwendig sind. Dennoch: Wir, die Mitglieder einer Währungsunion, sind volkswirtschaftlich so eng miteinander verwoben, dass unser Wohlergehen direkt vom Wohlergehen der anderen abhängig ist. »Die Krise des anderen« gibt es in Europa nicht mehr. Es ist an der Zeit, den Ländern, die schwierige Reformprozesse durchlaufen, ein Licht am Ende des Tunnels aufzuzeigen. Denn wenn wir es nicht schaffen, im gesamten europäischen Raum eine Wachstumsdynamik zu entfachen, von der nicht nur die *share holder*, sondern alle Menschen profitieren, wenn wir es nicht vermögen, insbesondere der jungen Generation eine europäische Perspektive der Zuversicht zu bieten, werden sich zu den rechten Kräften der Re-Nationalisierung immer mehr linke Protestbewegungen gesellen, die Europa politisch in Haftung nehmen und als Lösung ihrer Sorgen und Nöte elementar infrage stellen.

Das Licht am Ende des Tunnels muss in einer wesentlich robusteren und wetterfesteren Eurozone bestehen. Die Anpassungsprozesse dieser neuen Konvergenzphase, in der sich unsere Währungsunion befindet, mögen noch weitere fünf bis zehn Jahre dauern. Diese Zeit müssen wir so nutzen, dass wir die Architektur dieser Währungsunion so weit es geht verbessern. Und das funktioniert eben nicht nur durch Regeln, sondern auch mit politischem Augenmaß. Die Eurozone ist kein ordnungspolitischer Tempelbau – sie war es nie und wird es nie sein. Jeder dauerhaft erfolgreiche Währungsverbund funktioniert mit einem Mix aus politischer Steuerung, Regeln und Marktanreizen.

Aus meiner Sicht sind es die genannten drei Felder, auf denen die Probleme am meisten drängen, auf denen wir Europas Handlungsfähigkeit jetzt beweisen müssen. Hierfür brauchen wir weder institutionelle Debatten noch Vertragsdiskussionen, die uns nach langer Frist ins Niemandsland führen. Es liegt in unserer Hand, europäisch voranzugehen. Hierfür werden wir in einer Union der 28 – oder demnächst 27 – unsere Arbeitsweise verändern müssen: Wir müssen flexibler werden und es Gruppen von Mitgliedstaaten ermöglichen, auf bestimmten Gebieten voranzugehen, zu experimentieren und dabei offen für späteres Mitmachen anderer zu sein.

Dabei sollten wir anerkennen und nicht beklagen – oder gar anklagen –, dass andere Mitgliedsstaaten andere Vorstellungen von diesen Dingen haben: von der weiteren Richtung, den weiteren Schritten und auch der Geschwindigkeit beim Ausbau des europäischen Hauses. Wer mehr will, und das eher eilig, ist genauso wenig schon ein besserer Europäer wie die Zögerlichen nicht per se schon schlechtere Europäer wären. Das, was wir alle gemeinsam erreicht haben und ansteuern können, sollten wir hegen und pflegen. Gleichzeitig sollten aber die Staaten, die mehr wollen, nicht gehindert werden voranzuschreiten – vorausgesetzt, dass die Tür für andere immer offen bleibt. Wenn Europa die Bewältigung der aktuellen Herausforderungen gelingt, auch indem einzelne vorangehen, dann wird dies zu einer vertieften Form der Kooperation führen, sicher auch zu neuen Institutionen, die wir jetzt nicht gründen müssen. Womöglich wird sich die Frage der Finalität dann neu stellen, aber nicht deshalb, weil wir uns an ihrer theoretischen Schönheit ergötzen, sondern weil es sich als das Arrangement erwiesen hat, das am besten funktioniert.

Wir brauchen mehr Gustavs!

In deutschen Ohren hat der Name Gustav einen guten Klang. Beim Stichwort Europa kommt einem sogleich Gustav Stresemann, der Vorreiter einer europäischen Friedenspolitik aus Weimarer Zeiten in den Sinn. Und nicht nur für deutsche Sozialdemokraten ist Gustav Heinemann Vorbild und Messlatte von höchster Zivilität.

Doch gibt es einen weiteren Gustav, an dem wir Maß nehmen können, obwohl dessen Tun es fast nie geschafft hat, über das Reich des Anekdotischen hinaus die gebührende Beachtung zu finden. Gemeint ist jener Berliner Droschkenkutscher, dem wegen seines hartnäckigen Verweilens in Erwartung neuer Kundschaft am Bahnhof Wannsee der Spitzname »Eiserner Gustav« gegeben wurde. Über die Grenzen der Reichshauptstadt hinaus erlangte er nur einmal eine gewisse Bekanntheit. Nachdem ihm nämlich bei der Verrichtung seines Dienstes eine Pariser Dame begegnete, die ihn sehr beeindruckte und die so gar nichts mit den gängigen Stereotypen über *Franzmänner* zu tun hatte, beschloss er sogleich, auf seinem alten Gaul an einem Stück von Berlin nach Paris zu reiten, um sich die Sache mal persönlich etwas genauer anzusehen. Die Presse bekam von diesem Kleinstprojekt der Völkerverständigung Wind, ein Ullstein-Reporter begleitete den Fuhrmann und konnte anschließend von einem Preußen künden, der seine Vorurteile rasch zur Seite legte.

Eben diesem Gustav widmete Erich Kästner sein erstes in einer Zeitung gedrucktes Gedicht, das unter dem knappen Titel »Die Gustavs« am 11. Juni 1928 im sozialdemokratischen *Montag-*

morgen erschien und das in wenigen Versen zu-
sammenfasst, was Europa heute besonders
braucht.

> *Obwohl er nicht Französisch kann,*
> *hat er sich mit Paris verständigt.*
> *Denn dort, wo das Verstehen endigt,*
> *fängt die Verständigung erst an.*

Treffender kann man nicht zusammenfassen,
worum es in Europapolitik – und überhaupt
beim Sinnen nach Frieden – letztlich geht. Käst-
ners Gustav lehrt uns aber auch ein Weiteres,
was auch ohne Max Weber zu kennen sofort
einleuchtet: Politik, europäische Politik zumal,
ist das Bohren eines dicken Bretts, bei dem sich
Beharrlichkeit und Geduld auszahlen:

> *Wer nach Paris will, braucht Geduld,*
> *Raketenflug hat keinen Zweck.*
> *Wer langsam fährt, kommt schnell vom Fleck.*

Selbst zu der einstweilen unbeantwortbaren
Frage, ob Europa jetzt eine große Diskussion
über Ziel und letzte Zwecke der europäischen
Einigung haben muss, um weiter zu kommen,
bietet Kästner eine sehr schöne Handreichung,
die gewissermaßen elementare Einsichten aus
Karl Poppers 1945 erstveröffentlichter Monu-
mentalschrift *Die offene Gesellschaft und ihre
Feinde* vorwegnimmt: Natürlich darf man auf
Philosophenkönige hoffen, aber besser ist es

sich darauf einzurichten, dass auch die schlausten Menschen nicht vor schlimmen Fehlern, auch solchen mit katastrophalen Folgen, gefeit sind. Selten sind es die wirklich Dummen, die die Welt ins Unglück stürzen. Daher ist es für die offene Gesellschaft zentral, Vorkehrungen für den schlimmsten Fall zu treffen, statt den besten zu ersehnen. Und hieraus leitet sich auch die grundsätzliche politisch-moralische Überlegenheit der kleinen, leicht korrigierbaren Schritte gegenüber den großen Würfen der vermeintlichen Wunderkinder der Geschichte ab.

Was wollen Völker mit Genies?
Wir Völker wollen Gustavs haben,
die langsam, aber sicher traben!

WINSTON CHURCHILL

Rede
an der Universität Zürich
am 19. September 1946

Herr Rektor, meine Damen und Herren,

ich bin heute geehrt worden durch den Empfang in Ihrer ehrwürdigen Universität und durch die Dankadresse, welche mir in Ihrem Namen überreicht worden ist und die ich sehr zu schätzen weiß.

Ich möchte heute über die Tragödie Europas zu Ihnen sprechen. Dieser edle Kontinent, der alles in allem die schönsten und kultiviertesten Gegenden der Erde umfasst und ein gemäßigtes, ausgeglichenes Klima genießt, ist die Heimat aller großen Muttervölker der westlichen Welt. Hier sind die Quellen des christlichen Glaubens und der christlichen Ethik. Hier liegt der Ursprung fast aller Kulturen, Künste, philosophischen Lehren und Wissenschaften des Altertums und der Neuzeit. Wenn Europa einmal einträchtig sein gemeinsames Erbe teilen würde, dann könnten seine drei- oder vierhundert Millionen Einwohner Glück, Wohlstand und Herrlichkeit in unbegrenztem Ausmaß genießen. Und doch brachen in Europa, entfacht durch die teutonischen Nationen in ihrem Machtstreben, jene Reihe entsetzlicher nationalistischer Streitigkeiten aus, welche wir in diesem zwanzigsten Jahrhundert und somit zu unserer Lebenszeit den Frieden zerstören und die Hoffnungen der gesamten Menschheit verderben sahen.

Und welches ist der Zustand, in den Europa zurückgeworfen worden ist? Einige der kleineren Staaten haben sich bereits recht gut erholt, aber in weiten Gebieten starrt eine ungeheure Menge gequälter, hungriger, abgehärmter und verzweifelter Menschen auf die Ruinen ihrer Städte und Behausungen und sucht den düsteren Horizont angestrengt nach dem Auftauchen einer neuen Gefahr, einer neuen Tyrannei oder eines neuen Schreckens ab. Unter den Siegern herrscht ein babylonisches Stimmengewirr; unter den Besiegten das trotzige Schweigen der Verzweiflung. Das ist alles, was die in so viele alte Staaten und Nationen gegliederten Europäer, das ist alles, was die germanischen Völker erreicht haben, nachdem sie sich gegenseitig in Stücke rissen und weit und breit Verheerung anrichteten. Wenn die große Republik jenseits des Atlantischen Ozeans nicht schließlich begriffen hätte, dass der Zusammenbruch oder die Versklavung Europas ebenso auch ihr eigenes Schicksal bestimmen würde, und hätte sie nicht ihre Hand zu Beistand und Führung ausgestreckt, so wäre das finstere Mittelalter mit seiner Grausamkeit und seinem Elend zurückgekehrt. Meine Herren, es kann noch immer zurückkehren.

Und doch gibt es ein Mittel, das, würde es allenthalben und aus freien Stücken von der großen Mehrheit der Menschen in vielen Ländern angewendet, wie durch ein Wunder die ganze Szene verändern und in wenigen Jahren ganz Europa, oder doch dessen größten Teil, so frei und glücklich machen würde, wie es die

Schweiz heute ist. Worin besteht dies Allheilmittel? Es besteht darin, die europäische Völkerfamilie, oder doch so viel davon, wie möglich ist, wiederherzustellen, und ihr eine Struktur zu geben, in welcher sie in Frieden, in Sicherheit und in Freiheit leben kann. Wir müssen eine Art »Vereinigte Staaten von Europa« schaffen. Nur auf diese Weise können Hunderte von Millionen hart arbeitender Menschen wieder jene einfachen Freuden und Hoffnungen genießen, die das Leben lebenswert machen. Der Weg dahin ist einfach. Es ist dazu nichts weiter nötig als der Entschluss Hunderter von Millionen Männer und Frauen, Recht statt Unrecht zu tun und dafür Segen statt Fluch als Belohnung zu ernten.

Viel Vorarbeit, meine Damen und Herren, wurde in dieser Hinsicht durch die Anstrengungen der Paneuropa-Union geleistet, die Graf Coudenhove-Kalergi so viel zu verdanken hat und die Unterstützung des berühmten französischen Patrioten und Staatsmannes Aristide Briand fand. Es gibt auch jene riesige Fülle von Grundsätzen und Verfahren, welche nach dem Ersten Weltkrieg mit großen Hoffnungen ins Leben gerufen worden war. Ich meine den Völkerbund. Der Völkerbund scheiterte nicht an seinen Prinzipien oder Ideen. Er scheiterte, weil die Staaten, die ihn gegründet hatten, diesen Grundsätzen untreu geworden waren. Er scheiterte, weil sich die Regierungen jener Tage davor fürchteten, den Tatsachen ins Gesicht zu sehen und zu handeln, solange dazu Zeit blieb.

Dieses Unglück darf sich nicht wiederholen. Viel Wissen und Vorarbeit, auf die aufgebaut werden kann, steht deshalb zur Verfügung; und auch teuer erkaufte Erfahrung, um die Handelnden zu leiten.

Ich habe mich sehr gefreut, als ich vorgestern in den Zeitungen las, dass mein Freund Präsident Truman diesem großen Plan sein Interesse und seine Sympathie bezeugt. Es gibt keinen Grund, aus dem eine regionale europäische Organisation auf irgendeine Weise mit der Weltorganisation der Vereinten Nationen in Konflikt geraten sollte. Ich glaube im Gegenteil, dass der größere Zusammenschluss nur überleben wird, wenn er sich auf eng verbundene natürliche Gruppen stützen kann. In der westlichen Hemisphäre gibt es bereits eine natürliche Gruppierung. Wir Briten haben unseren eigenen Commonwealth of Nations. Dieser schwächt die Weltorganisation nicht, im Gegenteil, er stärkt sie. Er ist in der Tat ihre stärkste Stütze. Und warum sollte es nicht eine europäische Gruppierung geben, welche den verwirrten Völkern dieses unruhigen und mächtigen Kontinents ein erweitertes Heimatgefühl und ein gemeinsames Bürgerrecht zu bieten vermöchte? Und warum sollte diese nicht neben anderen großen Gruppen seinen rechtmäßigen Platz einnehmen und das künftige Schicksal der Menschheit mitbestimmen? Um das zu verwirklichen, bedarf es eines Akts des Vertrauens, an dem Millionen von Familien, die verschiedene Sprachen sprechen, bewusst teilnehmen müssen. Wir alle wissen, dass die beiden Weltkriege, die wir miterlebt haben, der eitlen Leidenschaft eines neuvereinigten Deutschlands entsprungen sind, welches die dominierende Rolle in der Welt spielen wollte. In diesem hinter uns liegenden Kampf wurden Verbrechen und Massenmorde begangen, für welche es seit den Einfällen der Mongolen im vierzehnten Jahrhundert keine Parallele gibt und wie es sie in gleicher Weise zu keiner Zeit der Menschheitsgeschichte gegeben hat. Die Schuldigen müssen bestraft werden. Deutschland muss der Macht beraubt werden, sich wieder zu bewaffnen und einen neuen Angriffskrieg zu führen. Aber wenn all das getan worden ist, so wie es getan werden wird, so wie man es bereits jetzt tut, dann muss die Vergeltung ein Ende haben. Dann muss das stattfinden, was Gladstone vor vielen Jahren »einen segensreichen Akt des Vergessens« genannt hat. Wir alle müssen den Schrecknissen der Vergangenheit den Rücken kehren. Wir müssen in die Zukunft schauen. Wir können es uns nicht leisten, den Hass und die Rachegefühle, die aus dem Unrecht der Vergangenheit entstanden sind, durch die kommenden Jahre mitzuschleppen. Wenn Europa vor endlosem Elend und schließlich vor seinem Untergang bewahrt werden soll, dann muss es in der europäischen Völkerfamilie diesen Akt des Vertrauens und diesen Akt des Vergessens gegenüber den Verbrechen und Wahnsinnstaten der Vergangenheit geben. Können sich die freien Völker Europas zu solchen Entschlüssen aufschwingen, die uns Seele und Instinkt des menschlichen Geistes nahelegen? Wenn sie es können, so werden auf allen Seiten die zugefügten Erniedrigungen und Beleidigungen durch das erlittene Elend ausgetilgt sein. Besteht irgendeine Notwendigkeit für eine weitere Flut von Qualen? Ist die Unbelehrbarkeit der Menschheit die einzige Lehre der Geschichte? Lasst Gerechtigkeit, Gnade und Freiheit herrschen! Die Völker müssen es nur wollen, und allen wird ihr Herzenswunsch erfüllt werden.

Ich werde jetzt etwas sagen, das Sie erstaunen wird. Der erste Schritt zu einer Neugründung der europäischen Völkerfamilie muss eine Partnerschaft zwischen Frankreich und Deutschland sein. Nur so kann Frankreich seine moralische und kulturelle Führungsrolle in Europa wiedererlangen. Es gibt kein Wiedererwachen Europas ohne ein geistig großes Frankreich und ein geistig großes Deutschland. Wenn das Gefüge der »Vereinigten Staaten von Europa« gut und richtig gebaut wird, so wird die materielle Stärke eines einzelnen Staates weniger wichtig sein. Kleine Nationen werden genauso viel zählen wie große, und werden sich durch ihren Beitrag für die gemeinsame Sache Ehre erwerben. Die alten Staaten und Fürstentümer Deutschlands, in einem föderalen System zum gemeinsamen Vorteil freiwillig zusammengeschlossen, könnten innerhalb der »Vereinigten Staaten von Europa« ihre jeweiligen Plätze einnehmen. Ich werde nicht versuchen, ein detailliertes Programm für Hunderte Millionen von Menschen zu entwerfen, welche glücklich und frei, zufrieden und sicher sein wollen, die jene vier Freiheiten, von denen der große Präsident Roosevelt sprach, genießen wollen und die nach Grundsätzen zu leben wünschen, die in der Atlantik-Charta verankert wurden. Wenn das ihr Wunsch ist, wenn das der Wunsch der Europäer in so vielen Ländern ist, müssen sie es nur sagen, und es können sicher Mittel gefunden und Einrichtungen geschaffen werden, damit dieser Wunsch voll in Erfüllung geht.

Aber ich muss Sie warnen. Die Zeit könnte knapp bemessen sein. Gegenwärtig gibt es eine Atempause. Die Kanonen sind verstummt. Die Kämpfe haben aufgehört; aber die Gefahren sind nicht verschwunden. Wenn wir die »Vereinigten Staaten von Europa«, oder wie immer sie genannt werden, schaffen wollen, dann müssen wir jetzt damit beginnen. Gegenwärtig leben wir in seltsamer und bedenklicher Weise unter dem Schild, und ich will sogar sagen unter dem Schutz, der Atombombe. Bisher ist die Atombombe nur in den Händen eines Staates, einer Nation, von der wir wissen, dass sie sie niemals einsetzen wird, außer für die Sache von Freiheit und Recht. Aber es ist gut möglich, dass dieses ungeheuerliche Zerstörungsmittel in ein paar Jahren weit verbreitet sein wird, und die Katastrophe, die sein Gebrauch durch verschiedene kriegsführende Nationen bedeuten würde, wäre nicht nur das Ende all dessen, was wir Zivilisation nennen, sondern könnte möglicherweise sogar den Erdball selbst zerstören.

Ich will nun die Vorschläge, die ich vor Ihnen ausgebreitet habe, zusammenfassen. Unser beständiges Ziel muss es sein, die Vereinten Nationen aufzubauen und zu festigen. Unter- und innerhalb dieser weltumfassenden Konzeption müssen wir die europäische Völkerfamilie in einer regionalen Organisation neu zusammenfassen, die man vielleicht die »Vereinigten Staaten von Europa« nennen könnte. Der erste praktische Schritt müsste die Gründung eines Europarates sein. Wenn zu Beginn nicht alle Staaten Europas der Union beitreten können oder wollen, so müssen wir trotzdem damit anfangen und diejenigen, die wollen, und diejenigen, die können, sammeln und zusammenführen. Die Bewahrung aller Menschen aller Rassen und aller Länder vor Krieg und Knechtschaft muss auf soliden Grundlagen beruhen und garantiert werden durch die Bereitschaft aller Männer und Frauen, lieber zu sterben, als sich der Tyrannei zu unterwerfen. Bei all diesen dringenden Aufgaben müssen Frankreich und Deutschland zusammen die Führung übernehmen. Großbritannien, das britische Commonwealth, das mächtige Amerika, und, so hoffe ich wenigstens, Sowjetrussland – denn dann wäre tatsächlich alles gut – müssen die Freunde und Förderer des neuen Europa sein und sich für dessen Recht, zu leben und zu leuchten, einsetzen.

Darum sage ich Ihnen: Lasst Europa auferstehen!

Zitierte Literatur

Glotz, Peter: *Kampagne in Deutschland. Politisches Tagebuch 1981–1983.* Hamburg 1986, S. 27f.

Kästner, Erich: Die Gustavs. In: Erich Kästner: *Werke (Zeitgenossen, haufenweise).* München 1998, S. 317.

Kennan, George F.: *Bismarcks europäisches System in der Auflösung. Die französisch-russische Annäherung 1875 bis 1890.* Berlin 1981, S. 12. (Hervorhebung im Original).

Musil, Robert: Der Mann ohne Eigenschaften. In: Robert Musil: *Gesammelte Werke in neun Bänden.* Band 1. Reinbek bei Hamburg, 2. verbesserte Auflage 1981, S. 57.

Zu den Autoren

Frank-Walter Steinmeier, geboren 1956, ist seit 2013 deutscher Außenminister – ein Amt, das er von 2005 bis 2009 schon einmal bekleidete. Von 1999 bis 2005 leitete er das Bundeskanzleramt unter Gerhard Schröder. Von November 2007 bis Oktober 2009 war er Vizekanzler, 2009 bis 2013 Vorsitzender der SPD-Fraktion im Deutschen Bundestag.

Winston S. Churchill (1874–1965), erlebte fünf Kriege und hat als Premierminister des Vereinigten Königreichs (1940–1945 und 1951–1955) Weltgeschichte gemacht. Seine Bücher und Reden sind gleichermaßen von literarischem wie historischem Wert. Hierfür wurde er 1953 mit dem Literaturnobelpreis geehrt.